Die „Passives Einkommen"-Lüge

Ein Resümee nach 15 Jahren

von Markus Gann

Autor: Markus Gann
Lektoren: Michi und Tanja (Vielen Dank)

Anschrift:
Markus Gann
Vordere Halde 40
71063 Sindelfingen

Email: foto@magann.de

Erscheinungsjahr 2020

Vorwort:

Zuerst ein paar Informationen zu meiner Person, damit du auch weißt, wer dir hier seine Erfahrungen schildert.

Mein Name ist Markus Gann und ich habe mein Hobby zum Beruf gemacht. Ich mache Bilder, Fotografien, Illustrationen, 3D-Renderings... und verkaufe diese über das Internet. Die ersten Jahre habe ich das nebenberuflich gemacht. Dann wollte ich wissen, ob die Einkünfte auch zum Leben reichen und bin nun seit 2010 selbstständig. Alles was dazu nötig war, habe ich mir selbst beigebracht. Das Internet macht es möglich!
Gelernt habe ich etwas ganz anderes, nämlich Maschinenbau-Techniker. 25 Jahre lang bin ich in der Automobil-Industrie angestellt gewesen.

Kreativ war ich ausschließlich in meiner Freizeit.

Ach so, ich bin Baujahr 1968, gehöre also überhaupt nicht zu der Generation Millennials! Dafür habe ich die Entwicklung der Computer mit erleben dürfen und auch die Anfänge des Internets.

Immer wieder recherchiere ich nach neuen Einkommensmöglichkeiten und habe schon unzählige Youtube-Videos zum Thema „Passives Einkommen" gesehen. Ab und zu schreibe ich ein Buch und publiziere es über Amazons KDP, verkaufe T-Shirts über Amazons MBA und nutze verschiedene Anbieter aus dem Bereich „Print on Demand".

Mein Interesse ist vielschichtig und ich experimentiere gerne mit neuen Möglichkeiten, um meinen Lebensstandard zu verbessern.

Ich lebe seit zehn Jahren ausschließlich von meinem „passiven Einkommen".

Und warum schreibe ich nun dieses Buch?

Um mit all den Lügen, die du im Internet zum Thema „Passives Einkommen" findest, aufzuräumen.

Hier kannst du lesen, wie der Alltag wirklich aussieht, fern von all dem, was dir im Internet versprochen wird.

Die Vor- und Nachteile des Business und unter welchen Umständen du dich auf keinen Fall damit selbstständig machen solltest.

Inhaltsverzeichnis

Was ist passives Einkommen?

Vereinfacht gesagt: Du erstellst ein digitales Produkt und bietest es im Internet zum Verkauf an. Fertig sind die Voraussetzungen für ein passives Einkommen!

An einem Beispiel verdeutliche ich das Prinzip: Als Fotograf kannst du ein Bild erstellen, das möglichst aussagekräftig ist, also so was wie: Eine Frau, die in einen saftigen Apfel beißt. Du bearbeitest das Bild in Photoshop, bis es professionell und einladend ausschaut. Danach lädst du es zu einer Bildagentur im Internet hoch und beschreibst es mit zutreffenden Suchbegriffen. Sucht nun ein Kunde bei dieser Bildagentur nach einer Frau, die in einen saftigen Apfel beißt, dann sollte dieser Kunde dein Bild dort finden. Wenn es ihm gefällt, wird er die Nutzungsrechte erwerben. Danach ist dein Bild aber weiter online verfügbar und der nächste Kunde kann es auch kaufen und so weiter. Im besten Fall, verkauft sich das Bild immer wieder und generiert so ein passives Einkommen.

Wichtig ist also die Reproduzierbarkeit.

In der Musikindustrie funktioniert das so, seit es kaufbare Tonträger gibt und manche Künstler leben ganz ordentlich von nur einem Hit.

Weitere Klassiker sind finanzielle Investitionen.

Kaufe dir Aktien, die Dividenden ausschütten oder Wohnungen um Mieteinnahmen zu bekommen. Hast du genügend Kapital investiert, kannst du ein monatliches Einkommen generieren. Man kann hier natürlich auch klein anfangen und immer wieder übriges Geld investieren, um sein Einkommen langsam aufzubauen.

Passives Einkommen ist also keine Erfindung aus dem Internetzeitalter. Hier wird es nur auf die Spitze getrieben.

Im Internet ist es leicht ein Produkt zu veröffentlichen. Wirklich jeder, der einen Computer bedienen kann, kann das machen und wahrscheinlich hast du es auch schon gemacht.

Eine der ersten Möglichkeiten im Internet, passives Einkommen zu erwirtschaften ist „Print on Demand" was soviel wie „Auf Anfrage drucken " heißt. Bei diesem System erstellt man ein Design oder Bild, das Kunden auf mittlerweile unzähligen Produkten bestellen können. Klassiker sind T-Shirts oder Kaffeetassen. Hier wird also nicht das Bild digital verkauft, sondern ein Produkt mit dem Design als Aufdruck. Produziert wird es erst, nachdem der Kunde den Einkauf abgeschlossen hat.

Zum "Print on Demand" gehört auch der Buchdruck. Als Autor musst du dir heute nicht unbedingt einen Verlag suchen. Du kannst dein Werk einfach online heraus bringen. Also als E-

Book und auch als gedrucktes Buch. Bei "Print on Demand" entstehen keine Vorleistungen in Form von Druckkosten, denn gedruckt wird dein Buch erst nachdem es gekauft wurde.

Du musst aber nicht einmal ein digitales Produkt erstellen, um passiv Geld zu verdienen.

Billige Produkte teurer weiter verkaufen. Dieses Verfahren nennt sich Dropshipping. Dazu benötigst du einen Onlineshop, den du mit dem Anbieter der Produkte verknüpfen kannst. Du bietest dann in deinem Shop Produkte an, die irgendwo auf der Welt günstig produziert werden. Wenn ein Kunde ein Produkt in deinem Shop kauft, geht die Bestellung direkt an den Anbieter, der mit deinem Shop verknüpft ist und der wickelt die Bestellung für dich ab. Der Kunde bezahlt deinen Preis und du bezahlst nur den günstigeren, den Preis von deinem Anbieter. Die Preisdifferenz ist dein Gewinn. Per Dropshipping können auch „Print on Demand" Produkte verkauft werden.

Als letztes Beispiel nenne ich das Affiliate Marketing. Hierbei handelt es sich um Werbeeinnahmen. Interessant ist das für Leute, die einen gut besuchten Blog haben.
Also, wenn dein Hobby z.B. das Angeln ist und du regelmäßig darüber berichtest, kannst du dort sicher auch Angelzubehör thematisieren. Wenn du dieses Zubehör mit einem Link zu Amazon verknüpfst, dann wirst du für einen Einkauf, über diesen Link, belohnt.

Es gibt mittlerweile sehr viele Internetseiten, die irgendwelche Produkttests thematisieren, nur um Amazonlinks zu platzieren. Wenn so eine Seite in den Suchmaschinen vorne erscheint, dann kann das passives Einkommen generieren.

Es gibt also sehr viele Möglichkeiten in diesem Bereich.

Das Prinzip ist klar: Du erstellst ein mal etwas, das Kunden immer wieder kaufen können. Das Erstellen erfordert deine Arbeitszeit. Danach erwirtschaftet dein Produkt Einkünfte, während du passiv bist. → Passives Einkommen.

Das Versprechen

Wer im Internet nach „Passives Einkommen" schaut findet sie zuhauf: Vielversprechende Äußerungen wie „So verdienst du Online 100€ pro Tag als Anfänger", „Mein Onlineshop, mit dem ich 2000€ am Tag verdiene" oder „Mit diesem T-Shirt habe ich 100.000$ verdient."

Als ich mit dem Verkauf von Bildern im Internet begonnen habe, lautete das Versprechen etwa so: „Bau dir ein ordentliches Portfolio auf und du kannst die Beine hoch legen."

Allem Anfang wohnt ein Zauber inne.

Bilder machen war mein Hobby und es klingt doch sehr verlockend, mit seinem Hobby seinen Lebensunterhalt zu verdienen. Jedenfalls verlockender als jeden Tag in die Firma zu gehen.

Anfangs wollte ich nur mal schauen, ob das funktioniert. Bilder verkaufen über das Internet war spannend und die ersten Erfolge kamen schnell. Erfolge motivieren weiter zu machen und so hat sich mein bescheidenes Portfolio stetig vergrößert. Mit dem Portfolio wuchsen auch die Einkünfte und mit 3000 Bildern habe ich mich dann in die Selbstständigkeit begeben.

Das zu machen, wozu ich Lust habe und den Alltag selbst zu bestimmen, war zu verlockend. Ich las von einigen Fotografen, die viel Geld mit ihren Bildern verdient haben. Solche Berichte konnten motivierend wirken. Einmal ein wirklich großes Portfolio erarbeiten und danach läuft es bis zum Lebensende...

Ob du nun Bilder verkaufen möchtest, T-Shirts, Kaffeetassen oder Bücher, das versprechen ist immer gleich: „Bau dir dein Business auf und das Geld kommt von ganz alleine."

Auf Youtube gibt es professionelle Leute, die dir „Das Blaue vom Himmel herunter" versprechen. Sie produzieren ein Video nach dem anderen, nur um dir ihre Methode zum finanziellen Glück zu verkünden. Da wirst du praktisch reich, wenn du nur genügend Videos geschaut hast. Natürlich musst du auch etwas dafür tun, und wenn es nicht so richtig klappt, dann findest du zwei Videos weiter die Erklärung dafür.

Die einen versprechen dir Reichtum mit Dropshipping, die anderen mit T-Shirt verkaufen und nochmal andere zeigen dir, in welche Aktien du jetzt am besten investieren solltest. Ein paar ganz gewiefte haben sogar Videos zu allen Themen rund um passives Einkommen. Das sind dann die Fachleute, die sich halt überall auskennen!

Okay, ich werde sarkastisch.

All die tollen Versprechen decken sich halt nicht so wirklich mit meinen Erfahrungen.

Halten wir fest: Passives Einkommen ist „Einmal arbeiten und für immer Geld verdienen." Zumindest, wenn man den Versprechen glauben schenken darf.

Um das ganze „Passiv Einkommen"
Versprechen etwas „herunter zu kochen", muss
ich sagen, dass heute den meisten klar sein
dürfte, dass es ohne Arbeit nicht lange
funktioniert.

Trotzdem suggerieren Äußerungen wie „Ich
habe mit einem E-Book 500€ am Tag verdient."
ein falsches Bild.

Die Erkenntnis kommt hinterher.

Die Wirklichkeit

Die Aussage „500 Euro am Tag mit einem E-Book zu verdienen" muss natürlich nicht falsch sein. Ich kann die Möglichkeit sogar bestätigen. Dazu muss ich aber sagen, dass ich großes Glück gehabt habe. Das Buch ist genau zum richtigen Zeitpunkt auf Amazon erschienen und es gab nur ein Buch als Konkurrenz. Mittlerweile habe ich über zehn Bücher online. Von den anderen Büchern hat sich kein einziges so gut verkauft wie dieser Bestseller. Die Verkäufe sind nach drei Monaten auch kontinuierlich gen Null gefahren.

Momentan mache ich mit allen Büchern zusammen ca. 50 Euro Gewinn im Monat!

Aber auch dafür gibt es Hilfestellungen auf Youtube. Dort wird erklärt, auf was es ankommt um erfolgreich Bücher zu verkaufen. Es ist also nicht damit getan, nur das Buch zu schreiben, man braucht neben einem guten Buchcover auch einen Lektor, der das Buch liest und gegebenenfalls korrigiert. Dann muss es überarbeitet werden und wieder Korrektur gelesen... und das ist nur die Arbeit um ein gutes Produkt zu haben. Ohne die richtige Produktbeschreibung und passende Suchbegriffe wird es später nicht gefunden und somit auch nicht verkauft.

Um gute Verkäufe zu erzielen muss das Buch beworben werden. Im besten Fall baust du dir

Follower über diverse Social Media Kanäle auf. Du musst dir Gruppen suchen, die das gleiche Thema haben wie dein Buch und dann brauchst du natürlich auch gute Rezensionen, damit Interessierte auch sehen, dass dein Buch gut ist.

Eine Menge Arbeit!

Damit deine Investitionen (Arbeit, Zeit und Geld) nicht verpuffen, musst du prüfen, ob dein Buch überhaupt Potenzial hat (Im besten Fall bevor das Buch geschrieben wird). Das bedeutet, du musst auf jeden Fall recherchieren, wie hoch die Nachfrage zum Buchthema ist und wie stark die Konkurrenz ist.

Das klingt so gar nicht nach entspannt passives Einkommen genießen.

Wenn du aber sowieso gerne schreibst, dann solltest du natürlich versuchen dein Buch zu publizieren. Begleite dein Schreiben auf deinen Social Media Seiten und versuche Follower zu begeistern, die dann auch hoffentlich dein Buch kaufen und positive Rezensionen schreiben. Solange du dir nicht finanzielle Unabhängigkeit davon versprichst, ist alles in Ordnung.

Generell kann ich vor allzu optimistischen Versprechungen im Internet nur warnen. Frag dich selbst: „Weshalb verbringt der Youtuber so viel Zeit mit der Produktion von Videos, wenn er eigentlich viel Geld mit passivem Einkommen generiert?" Die Antwort kannst du dir denken. Youtube ist auch eine gute Möglichkeit, passives

Einkommen zu erwirtschaften. Mit jedem Video, steigt auch die Möglichkeit, Werbeeinnahmen zu erhalten. Zudem versuchen viele über kostenlose Angebote Kunden zu gewinnen und diesem Kundenstamm dann weitere Produkte zum Thema zu verkaufen. Zum Beispiel Kurse um ebenfalls erfolgreich zu werden.

Sieh kostenlose Youtube-Videos also nicht als selbstlose Informationsgeschenke an die Mitmenschen, sondern als lukrative Einkommensquelle für den Youtuber an.

Sei skeptisch!

Zum Thema Dropshipping kann ich nicht viel schreiben. Ich habe Anfang des Jahres ein paar Kaffeetassen in meinen Etsystore gestellt und hatte dann auch ein paar Verkäufe. Aufgrund der Corona-Krise haben sich die Lieferzeiten aber sehr verschoben und ein Käufer hat mir eine schlechte Rezension gegeben. Nein, ich heule jetzt nicht rum...

Dieser Käufer wollte dann plötzlich eine Rückerstattung haben. Ich habe also recherchiert, wo seine Lieferung ist und siehe da, sie wurde an ihn ausgeliefert. Auf mein Schreiben, dass die Tasse mittlerweile angekommen sei, hat er mir nicht geantwortet und auch die schlechte Rezension ist mir geblieben.

Also auch hier keine Spur von „passivem Einkommen", denn sich um seine Kundschaft zu kümmern ist Arbeit!

Und nicht nur das; damit überhaupt jemand auf deine Produkte aufmerksam wird, musst du diese bewerben. Das muss nicht immer zwingend mit einem finanziellem Aufwand geschehen; man kann seine Produkte auch auf Social Media Kanälen platzieren.

Jedenfalls kauft keiner deine Produkte, nur weil du die mal eben ins Internet stellst!

Das gleiche gilt auch generell für „Print on Demand" Produkte. Egal ob du tolle Bilder und Designs hast, die du auf Kaffeetassen, T-Shirts und als Poster verkaufen möchtest, die wenigsten verkaufen sich von alleine. Und wenn du mal ein Produkt hast, dass sich ordentlich verkauft, dann kommt irgendwann ein Konkurrent und erstellt ein gleiches Produkt.

Das ist dann auch eines der Hauptprobleme. Es ist eben nicht nur für dich leicht, ein Produkt im Internet zu platzieren, sondern auch für all die anderen, die dieses Geschäft betreiben. Die schauen dann ganz genau wo der Rubel rollt und wollen in deiner Nische auch Geld verdienen.

Wobei wir beim Thema Nische wären, was nichts anderes bedeutet als zu recherchieren, zu welchen Themen noch wenig auf dem Markt erhältlich ist. Dabei versucht man sein Thema zu spezialisieren.

Nehmen wir an, du möchtest ein T-Shirt für

Schreiner verkaufen. Davon gibt es viele Designs und hier einfach eine Säge auf das Shirt zu drucken, wird dir nicht viel Erfolg einbringen.

Kunden die nach „T-Shirt Schreiner" suchen, werden die Designs finden, die sich gut verkaufen und deines wird irgendwo im Nirwana verschwinden. Wie lautet also die Lösung?

Du suchst nach einer Nische zum Thema „Schreiner". Das kann erst mal alles Mögliche sein. Du solltest schauen, wonach Kunden auch suchen, wenn sie nach „Schreiner" suchen. Eine weitere Möglichkeit ist, du verknüpfst den Schreiner mit einer Stadt. Also zum Beispiel „Stuttgart". Dann könntest du auf dein Shirt schreiben „Die besten Schreiner sind die aus Stuttgart".

Was bringt dir das? Nun, alle Kunden, die jetzt nach „T-Shirt Schreiner Stuttgart" suchen erhalten viel weniger Suchtreffer und im besten Fall ist dein Shirt ganz oben zu finden.

Unterm Strich suchen danach viel weniger Leute, aber dafür bist du auf den besten Plätzen vertreten und die Chance auf einen Verkauf ist hoch. Im Gegensatz zu dem Shirt ohne „Stuttgart", das erst gar nicht auf den ersten Seiten auftaucht.

Man merke: Nicht einfach ein Design hochladen und glauben, es wird sich schon irgendwie verkaufen. Recherchiere bevor du investierst, dann ersparst du dir verlorene Zeit und Enttäuschungen!

Womit ich aber hauptsächlich mein Geld verdiene, sind meine Bilder, die ich breit gestreut über viele Bildagenturen im Internet verkaufe.

Als ich anfing war der Markt noch jung. Shutterstock war für mich die wichtigste Agentur.

Heute ist das nicht mehr der Fall.

Im Jahr 2007 hatte Shutterstock ca. 4 Millionen Bilder in seiner Datenbank. Das klang damals nach einer enorm großen Menge an Bildern. Heute sind das nicht mal mehr 2%. Die Agentur hat weit über 300 Millionen Bilder in der Datenbank. Laut Selbstauskunft hat die Agentur mehr als 1 Million Bildanbieter. Das Problem: Bildmenge und Verkaufszahlen sind nicht parallel angestiegen. Die Verkäufe verteilen sich auf immer mehr Fotografen. Das Bildangebot flutet die Suchmaschine und Bilder, die sich einst gut verkauft haben, verschwinden in der Masse des Angebots.

Shutterstock ist für mich das beste Beispiel, wie es nicht mit dem „Passiven Einkommen" klappt. Als ich mich selbstständig gemacht habe, hatte ich 3000 Bilder in meinem Portfolio. Heute habe ich 20.000 Bilder und verdiene bei Shutterstock weniger als damals.

Wenn das Versprechen vom „Passiven Einkommen" aber stimmen würde, dann müsste ich mindesten sechs mal soviel verdienen wie vor zehn Jahren. Dabei bin ich nicht mal passiv geblieben. Kontinuierlich kamen neue Bilder aus vielen Themenbereichen hinzu.

Unterm Strich habe ich mich nicht wirklich einfach zurück lehnen können und die Früchte meiner Arbeit genießen dürfen. Im Gegenteil, ich arbeite momentan mehr als je zuvor.

Also, damit du mich nicht falsch verstehst, ich lebe ganz ordentlich von meinen Umsätzen, nur halt nicht passiv!

Shutterstock hat gerade jetzt seine Umsatzbeteiligung massiv nach unten verschoben. Falls du dich mit den Anteilen für Fotografen nicht auskennen solltest: Marktüblich sind so um die 30-35%!

Die meisten Bilder verkaufen sich über ein Abo-Modell, bei dem für Fotografen oft nur 0.10$ übrig bleiben.

Shutterstock ist damit nicht alleine, auch Istockphoto hat schon die Anteile bedeutend gesenkt und auch kleinere Anbieter kürzen schon mal die Verdienstmöglichkeiten.

Ich möchte hier nicht die Agenturen anprangern. So funktioniert eben der Markt. Das Bild ist ein Massenprodukt geworden und dementsprechend billig erhältlich. Dass dabei der Fotograf auf der Strecke bleibt, braucht die Agenturen nicht zu interessieren. Der nächste Fotograf steht schon bereit!

An diesem Beispiel sieht man, dass die Masse auch den Untergang für den Einzelnen bedeuten kann. Doch das ist nicht nur für den Fotomarkt so, das betrifft fast alle Bereiche, die von vielen Menschen bedient werden können.

Die Frage ist: Wie kannst du aus der Masse hervorstechen? Was macht deine Arbeit so einzigartig, dass die Leute diese kaufen werden?

Zum Thema Wirklichkeit gehört auch, dass sehr viel Arbeit am Computer erledigt werden muss. Wenn du dieses Business machst, sitzt du praktisch von früh bis spät am PC. Ständig muss die Maschine „Passives Einkommen" mit neuem Material gefüttert werden, damit die Verkaufszahlen nicht einbrechen. Neue Ideen müssen her und neue Möglichkeiten erschlossen werden. Manchmal habe ich das Gefühl, meine Kreativität bleibt dabei auf der Strecke.

Wieder nichts mit locker in der Hängematte liegen und mal kurz mit dem Smartphone die Umsatzzahlen checken!

Aber dafür bist du ein freier Mensch.

Das Für und Wider

Es ist nicht alles schlecht, was unter die Kategorie „Passives Einkommen" fällt! Unterm Strich muss man wissen, dass es so was wie passives Einkommen nicht wirklich gibt, oder sagen wir mal, es dürfte vielleicht für ganz wenige Leute funktionieren. Jedenfalls muss ständig am Einkommen gearbeitet werden, sonst ist es irgendwann nicht mehr vorhanden, weil der Mitbewerber das Feld übernommen hat.

Du solltest dich auch nicht auf einen Anbieter verlassen, der dir irgendwelche Einnahmen verspricht. Es kommt eventuell mal die Zeit, in der der Anbieter sein Versprechen nicht mehr halten kann und deine Einnahmen brechen dort weg. Hier finde ich wichtig, die Einkünfte auf viele zu verteilen, um das Risiko möglichst gering zu halten.

Ohne Marktanalyse verpufft deine Arbeit im Nirgendwo. Wenn du, wie ich, gerne Bilder machst, ist das ein notwendiges Übel. Suche eine Nische und liefere gute Arbeit, dann sollte es auch mit den Einkünften klappen. Bilder und Designs erstellen ist nur die halbe Miete. Ohne Marketing wirst du von der Konkurrenz verdrängt.

Es besteht auf jeden Fall eine Abhängigkeit von dem einen oder anderen Internetanbieter. Ohne die Bildagenturen würde ich kaum Bilder verkaufen, aber ohne diese würde ich heute immer noch in der Firma arbeiten. Amazon hat auch eine sehr große Marktstellung und vieles wäre ohne diesen Marktplatz gar nicht möglich. Die Technik, das Internet selbst. Fällt eine Möglichkeit aus, ist es gut, wenn du noch weitere Standbeine hast.

Um diesen Job zu machen solltest du ein finanzielles Polster haben. Nichts ist schlimmer, als wenn dir eine Einnahmequelle wegbricht und du gerade kein Geld auf dem Konto hast. Wenn du in der Situation aber ein bisschen was auf der Seite hast, lebt es sich bedeutend entspannter!

Mach diese Arbeit also auf keine Fall ohne finanzielle Rücklagen als Vollzeitjob!

Auf der positiven Seite bin ich wirklich sehr gerne selbstständig. Den Tag frei zu gestalten und niemandem Rechenschaft schuldig zu sein ist sehr angenehm.

Passives Einkommen spielt seine Stärken, gegenüber der normalen Selbstständigkeit, vor allem dann aus, wenn du krank wirst oder wenn du in den Urlaub fährst. In diesen Fällen kommen nämlich trotzdem noch Umsätze herein, die dann auch tatsächlich wirklich passiv sind!

Dinge, die einem nicht viel Spaß machen, kann man bleiben lassen und sich Themen suchen, an denen man mehr Freude hat. Außerdem ist es möglich, viele kreative Bereiche auszuprobieren.

Im Moment schreibe ich zum Beispiel dieses Buch, nicht, weil ich mir sonderlich viel davon verspreche, sondern einfach weil ich Lust dazu habe.

Manchmal fühle ich mich wie ein Lebenskünstler und auf irgendeine Weise muss man das auch sein.

Was mir fehlt ist ein Mitstreiter, mit dem ich mich thematisch austauschen kann und gegebenenfalls auch Projekte zusammen anpacken kann. Ein Mitstreiter ist dann aber eben auch ein Konkurrent und aufrichtige Kontakte sind nicht leicht zu finden. Das Internet bietet zwar viele Möglichkeiten, aber ein richtiges Gespräch kann das nur schwer ersetzen.

Ich persönlich würde diesen Weg wieder gehen. Mit meinem heutigen Wissen natürlich ein klein wenig anders.

Jedes mal, wenn ich ein neues Produkt online stelle, schwingt auch nach all der Zeit ein bisschen Goldgräberstimmung mit und ich frage mich: „Wie wird es sich wohl verkaufen?"

Wichtig ist: Bleib flexibel und nutze die Möglichkeiten, die sich dir bieten.

Worte zum Schluss

Herzlichen Dank, dass du dieses kleine aber kritische Büchlein gelesen hast.

Ich habe meine Gedanken niedergeschrieben und dabei ist mir einiges klarer geworden. So wird mein kleines Büchlein, unbeabsichtigt, eine kleine Hilfe für mich selbst und für meinen weiteren Weg. Viele Fragen, die ich die letzten Wochen mit mir herum getragen habe, sind nun beantwortet, einige bleiben offen.

Passives Einkommen zu erzeugen ist nicht einfach. Wirklich passiv ist es sowieso nicht. Eigentlich müsste der Begriff geändert werden um keine falschen Erwartungen zu wecken. Diese falschen Erwartungen haben mich dazu bewegt, dieses Buch zu schreiben. Ich weiß, es wird nicht jeden erreichen. Aber vielleicht trägt es ein kleines bisschen dazu bei, die falschen Hoffnungen zu begraben.

Wenn ich die eine oder andere Illusion mehr in Richtung Realität verrücken konnte, dann habe ich das Ziel mit diesem Buch erreicht.

Zum Schluss habe ich eine Bitte an dich. Gib mir eine kurze Rückmeldung und schreib mir in ein paar Zeilen, was dir beim Lesen durch den Kopf ging.

foto@magann.de

Danke!

Falls du dich aber nicht abschrecken lässt, habe ich dir hier das passende Buch, in dem du Hilfestellung findest um deine Bilder über das Internet zu verkaufen.

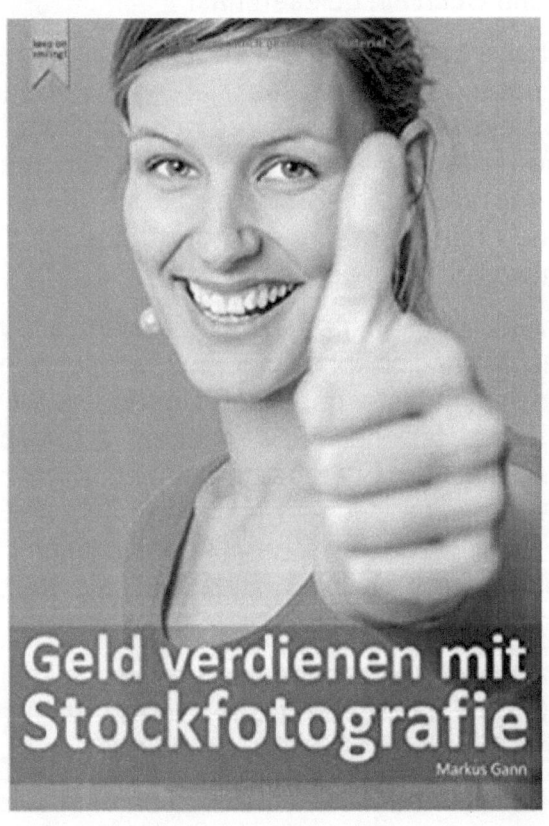

www.ingramcontent.com/pod-product-compliance
Lightning Source LLC
Chambersburg PA
CBHW031508210526
45463CB00003B/1133